Buscándote

Buscándote

Shirley M. R. Z.

Copyright © 2015 SHIRLEY M. R. Z.
Diseño de cubierta, maquetación e ilustraciones
SHIRLEY M. R. Z.
Corrección: Juan C. Morón Fuentes-Castro
Copyright © 2015 SHIRLEY M. R. Z.
Diseño de cubierta, maquetación e ilustraciones
SHIRLEY M. R. Z.

Autor – Editor :
Shirley Marcela Rivadeneyra Zamudio.
Mz. Y Lt. 19 Punta Hermosa Lima -Perú
Teléfon
e-mail: marcela_shir@hotmail.com

Impresor: Amazón - Seattle, WA, Estados Unidos

ISBN: 978-612-00-1997-9

Libro disponible en www. Amazon.com
La reproducción total o parcial de esta publicación, incluido el diseño y las ilustraciones, sin autorización previa y escrita viola los derechos reservados.

Para ti,
Donde estés

BUSCÁNDOTE

Hace algunos días te descubrí

Redescubrí

No tus acordes

No tu mensaje

No.

A ti,

a ese ser que me toca aún sin conocerme.

¿Cómo lo haces?

No lo sé.

BUSCÁNDOTE

Me has tocado sin saberlo

Has tocado mi alma

Mi espíritu

Mi ser

Mi esencia

¿Cómo lo haces?

No lo sé.

Shirley M. R. Z.

Estás en mi cabeza desde entonces

Lo imposible parece totalmente posible.

Escapo a mi pequeño mundo,

donde tú estás.

Y te imagino tan real,

tan presente,

tan mía.

Te hablo,

te toco,

te siento.

BUSCÁNDOTE

Una parte de mí

dice que esto es una locura.

Pero es tan verdadero,

tan fuera de este mundo.

¡Es una locura!

NO

NO

NO.

No puede ser una locura

sentir esto en mi corazón.

No puede ser una locura

llorar al escucharte.

No puede ser una locura

querer verte con desesperación.

No puede ser una locura

querer sentirte.

BUSCÁNDOTE

No puede ser una locura

anhelarte con tanta fuerza,

que hasta mi alma

parece salir

de mi cuerpo.

NO

NO

Y aún no te conozco.

Shirley M. R. Z.

No te conozco

Pero estas en mí

Tú, mi inspiración

Tú, mi fuerza

Tú, mi voluntad

Tú, esa voz que me equilibra

Tú, esa voz que me tranquiliza

Y aún no te conozco.

BUSCÁNDOTE

Apenas escuché tu voz,

mi cuerpo se estremeció.

No le di importancia al principio,

pospuse escucharte.

Pero...

algo me decía

¡Escucha!

¡Escúchala!,

¡Escúchala!

BUSCÁNDOTE

Y escuché

Volví a escucharte

Como antes

Como siempre

Y poco a poco,

fui recordándote.

Recordé tu calidez

Tu amor

Tus señales

¡Eran tus señales!

Shirley M. R. Z.

Estabas ahí

Entre tantas palabras

Entre tantos versos

Entre tantos acordes

Eras tú

Era tu forma de encontrarme

Tus señales

Entonces, ya no importó nada más

Sabía que tenía que buscarte.

BUSCÁNDOTE

Voy a buscarte

Lo haré

Voy a buscarte

Y cuando te encuentre,

te daré ese abrazo atrasado

pero tan pensado.

Muero por besarte

Calma

Calma.

Shirley M. R. Z.

Ahora te busco,

aun con el temor de que no me recuerdes.

O no me reconozcas

Te busco.

BUSCÁNDOTE

Te busco

Busco

Busco

"El que busca encuentra"

Dice mi cabeza

"Si no la buscas, jamás la encontrarás"

Dice mi alma

"Jamás la encontrarás".

Shirley M. R. Z.

"Jamás la encontrarás"

Escucho casi en silencio

Entonces, mi cuerpo es desesperación

Tristeza

¡Desesperación!

De sólo pensar que no voy a encontrarte

Tristeza

Siento morir, me falta el aire

Tiemblo

Tristeza

Mis ojos se llenan de lágrimas

Llanto

Tristeza.

BUSCÁNDOTE

¿Cómo puede ser?

¿Cómo puede pasarme esto a mí?

¿Por qué ahora?

"No está bien", grita una parte de mí.

"Nada de esto está bien"

Es tarde

Ya no puedo luchar

Ya eres parte de mi vida,

de mi ser,

de mi alma.

No lo sabes

No me sabes

No existo

Para ti, aún no existo.

Shirley M. R. Z.

Mi espíritu se rebela,

y me grita que sí sabes.

Sabes que existo,

que en donde estés, me sientes.

Me esperas

Me anhelas,

como yo a ti.

¡Es una locura!

¡No!

Es amor

Es amor

¡Amor!

Amor prometido desde hace tanto,

que ya casi no lo recordaba.

Pero te recuerdo

Y te reconozco.

Shirley M. R. Z.

Lentamente te reconozco

Tu voz

Tu piel

Tu mirada

Tu porte

Tu timidez

Tus formas

Toda tú

Te reconozco de otras vidas

De otros tiempos

De siempre

Y recuerdo nuestra promesa.

Esa promesa que hiciste,

que hice,

que hicimos.

¡REGRESARÉ A TI!

No importa cómo

No importa dónde

Lo prometo

¡REGRESARÉ A TI!

Aunque me tome toda esta vida, y más

¡REGRESARÉ A TI!

Me reconocerás

Me recordarás

Lo harás

Por favor, promete que me recordarás

.

Shirley M. R. Z.

Lo hice

Te recordé

Te reconocí

Pero estás tan lejos

¿Cómo voy a hacer para hallarte?

Busco

Busco

Busco

Busco...

¿Y si no me recuerdas?

Lo harás

Hay muchas señales entre tú y yo

Lo harás

Hay muchas señales.

Shirley M. R. Z.

BUSCÁNDOTE

En cada momento de mi vida

Desde pequeña

Estaban ahí.

LAS SEÑALES

Esas que te hacen preguntar

¿Por qué me gusta tanto esto o aquello?

Ahora lo sé

Todo esto o aquello

está en ti.

Grandes señales

Pequeñas señales

De ti, para mí

En ti

En mí

Benditas SEÑALES.

BUSCÁNDOTE

Encuentro mucho de ti, en mí

Cómo no hacerlo

Si eres mi complemento

Esa parte que me falta

Tan parecidas

Somos tan parecidas

Pienso en ti, y sonrío

Siempre que pienso en ti

Sonrío.

Shirley M. R. Z.

Sonrío...

Y me imagino tu sonrisa

Cada vez más clara

Cada vez más cerca

Y la recuerdo

Tu sonrisa

La reconozco

Tu sonrisa

Verte sonreír de nuevo

¡Dicha!

¡Infinita dicha!

BUSCÁNDOTE

Poco a poco, reconozco

Tus gestos

Tus manos

Esas manos que busqué en cada ser

Me gustan tanto ese tipo de manos

Esos dedos

Esas uñas

Porque se parecen a tus manos.

Tus manos

Shirley M. R. Z.

Manos creadoras

Manos fuertes

Tus manos, Nena

Tus manos

Que pronto estarán junto a las mías

Pronto

Pronto.

BUSCÁNDOTE

Tus manos

Tu sonrisa

De nuevo aquí,

conmigo.

Tus señales

Benditas señales

Shirley M. R. Z.

BUSCÁNDOTE

Cuando vuelvo a esos destellos de realidad,

me doy cuenta de lo imposible

de todo esto.

Estamos tan lejos,

en mundos tan distintos.

Pero mi mente te trae

y vuelvo a soñar,

a desear,

a elucubrar.

Entonces mi cabeza sucumbe

Se resigna

No puede dejar de pensarte

De imaginarte

Mi mente se abre a tantas posibilidades

Nuevas posibilidades

Nuevos sueños

Nuevos deseos

Mi mente se abre a todo

A ti.

BUSCÁNDOTE

Mente abierta

Abierta a ti

A tu imagen

A tu ser

A tu esencia

A tu presencia

A ti.

Shirley M. R. Z.

Y es que,

pensar en ti cambia mi día.

Mi dieta

Mi sonrisa

Tengo más confianza

Esperanza

Alegría

Soy más fuerte

Si tan sólo supieras

cómo tu presencia me cambia.

Me ayuda

Piensa en mí.

BUSCÁNDOTE

Piensa en mí

Como yo pienso en ti

Piénsame

Suéñame

Como yo te sueño a ti

Piensa en mí, Nena, piensa en mí.

Shirley M. R. Z.

BUSCÁNDOTE

Sueño con el día en que pueda conocerte

Aún no decido cómo será

Infinitas posibilidades

Infinitas escenas

Infinita espera

Infinito tormento

Pero llegará

Llegarás

Sé que ese día llegará.

¡Ese día!

...

Ese día

quizá no diré nada.

No quiero forzar nada

Quiero escuchar

Escucharte

Quiero poco a poco conquistarte

Con todo aquello que ya conoces

Sentirte y sentirme viva en ti

Me miras y ríes.

BUSCÁNDOTE

Sí,

hay risas.

Muchas risas

Muchas en nuestro encuentro

Gozo de escucharte

Gozo de hablarte

Verte

Es como volar contigo

Gozo.

Shirley M. R. Z.

Imagino el momento

en que nuestros ojos se encuentren,

en que nuestros cuerpos se encuentren.

Esa mirada que cambiará mi vida,

tu vida.

Y esa extraña sensación de calidez,

de pertenencia,

de amor,

Paz.

BUSCÁNDOTE

Imagino que me mirarás,

y verás el tiempo que pasé extrañándote.

Soñándote

Deseándote

Con el anhelo de dar

De darte

De darme a ti

Con la necesidad de saberte

De tocarte

De besarte

Me mirarás y sentirás mis deseos,

que también son tuyos.

Shirley M. R. Z.

Entonces, te contaré de mi vida

Y tú, de la tuya

De tus sueños

De tus ideales

Y nos daremos cuenta

de lo mucho que tenemos en común.

Cómo no

Si nos conocemos

De tiempos pasados

De vidas pasadas

Nos conocemos.

BUSCÁNDOTE

Almas gemelas reencontrándose

Reconociéndose

Recordando

Y aún sin entender,

pero sintiendo tanto.

Deseando tanto.

Shirley M. R. Z.

Deseando detener el tiempo

Deseando...

Deseándote tanto

Deseos mil flotando en el aire

Deseos míos,

que también son tuyos.

BUSCÁNDOTE

Deseos...

Deseos de tocar tu piel

Tu piel oscura,

suave

Tu piel tersa,

Ébano provocador

Con esas huellas del tiempo

que voy a adorar.

Tu piel tibia

Tu piel.

BUSCÁNDOTE

Deseos de tocar tus manos

Tus dedos

Que veo y reconozco

Deseaba tanto tomar tus manos

Sentirlas

Besarlas

Manos,

que tocarán mi rostro como antaño.

Manos ternura

Manos pasión

Tus manos

Mis manos

Juntas

¡Al fin juntas!

.

Shirley M. R. Z.

Deseos de ver tus ojos profundos

Con ese brillo que conquista

Ojos, a veces tristes

Ojos bellos

Alegres, tristes, bellos

Grandes y bellos

Oscuros y bellos

Fuertes y bellos

Bellos

Mirada que me transporta

Que me emociona.

Deseos de sentir tus labios en los míos

Tus labios carnosos,

Húmedos

Calientes

Deliciosos labios.

Labios que alteran todos mis sentidos

Que me enloquecen

¿Cuántos labios besé

pensando que eran los correctos?

No eran.

Miro tus labios

Cuando hablas

Cuando cantas

No puedo dejar de mirarlos

De desearlos

De besarlos tantas veces,

hasta quedar exhausta.

Labios carnosos

Labios oscuros

Labios deliciosos

Húmedos

Calientes.

Deseos de tus brazos

Brazos fornidos

Fuertes y tiernos

Cálidos

Ansío estar en esos brazos

Que me rodeen

y me transporten a ese lugar seguro,

íntimo

donde pueda sentir tu corazón

latiendo.

Viviendo

Por ti

Por mí

Deseos de ver tus cabellos ensortijados,

Deseos de tocarlos,

sentirlos,

rozarlos y que rocen mi piel.

Ver como bailan a tu ritmo

Atados

Sueltos

En tu rostro

En el mío

Tus cabellos ensortijados

Algunos blancos ahora,

es el tiempo...No importa

El tiempo entre nosotras, no existe.

BUSCÁNDOTE

Shirley M. R. Z.

Y así paso mis días

desde que te sentí.

Desde que te reconocí

Todo el día pensándote

Pensando en nuestro encuentro

Mil probabilidades

Mil preguntas

Mil respuestas

Mil lugares

Tú y yo

Únicas.

BUSCÁNDOTE

Hay tantos lugares por ver

Tanto por conocer

Cuando me pienso en esos lugares

Siempre estás conmigo

Verte en mi futuro es inevitable.

Juntas

Siempre juntas.

Alucino...

Tu casa,

la mía.

Nuestra casa

Tu perro,

los míos.

Tu país

Mi país

Tus gustos

Mis gustos

Común,

todo es tan común.

Tan conocido.

BUSCÁNDOTE

Alucino, alucino y alucino

Escenas,

muchas escenas.

Posibles y hasta imposibles

En todas,

tú y yo juntas.

Todo se ilumina si estamos juntas

Tranquilidad

Paz

Amor.

Shirley M. R. Z.

Me amas

Me deseas

Perfección

Belleza

Etéreo

Todo

Todo

Siempre.

Tú

Yo

Siempre.

BUSCÁNDOTE

Mientras ríes,

mientras hablas,

mis pensamientos gritan

¡Regresé mi amor!

¡Regresé!

¡Estoy aquí!

Por ti

Para ti

Por mí

¡Regresé!

¡Abrázame!

¡Por favor! ¡Te lo suplico!

¡Abrázame!

Shirley M. R. Z.

Necesito

desde hace tanto tiempo ese abrazo.

Tan cálido

Tan tierno

Fuerte

Eterno

¡Abrázame!

Deseándote tanto

Con desesperación

¡Abrázame!

Me abrazas...

Tanto tiempo esperando

Tanto tiempo añorando

Valió la pena

Todos los espacios se llenan

Valió la pena

Me complementas y yo a ti

Valió la pena

Gracia divina

Suspiros

Risas

Imagino, sueño, alucino, despierto...

lloro.

Shirley M. R. Z.

BUSCÁNDOTE

Soñándote

Te acerco

Soñándote

Me acerco

Piensa en mí

Suéñame.

Shirley M. R. Z.

Anhélame como siempre

En los momentos de alegría

Anhélame

En los momentos de tristeza

Anhélame

Anhélame como siempre

Como siempre lo hice

Anhélame

Anhélame y llenaré ese vacío

Ese vacío de siempre

Siempre ese vacío.

BUSCÁNDOTE

Anhelos

Anhelos que no pasan,

se posan.

Se quedan

Para hacerme soñar,

hacerme delirar

Dulce delirio

Dulce placer

Respirar profundo

y disfrutarte

Respirarte.

Shirley M. R. Z.

Por favor,

piénsame,

suéñame,

deséame.

Anhélame

Eso me acerca

Te acerca

Nos acerca

Tu deseo de llenar ese espacio

que sólo yo puedo llenar.

Eso me acerca

Ese espacio que ni el tiempo, ni nada llenó.

BUSCÁNDOTE

Acércame con tus pensamientos

Llámame con tus deseos

Te escucho

Te siento

Llámame,

Siempre voy a estar ahí.

Shirley M. R. Z.

Siempre voy a estar ahí

Háblame

Te escucharé

Cuéntame de ti

Cuéntame de tus sueños

De tus pensamientos

De tus deseos

Te escucharé

Siempre estaré

Para ti

Por ti

Suéñame.

Shirley M. R. Z.

Ahora te recuerdo tan bien

Todo en ti es conocido

Tu movimiento

Tu ritmo

Adoro tu ritmo

Tu baile

Tu cadencia

Tu mirada fuerte, segura

Tus ideas

Tus pensamientos

Tu fuerza

Los conozco tan bien

Están en mí.

BUSCÁNDOTE

Iguales,

las dos iguales.

En lugares distintos

Pero iguales

Con gente distinta

Pero iguales

Preparándonos para este encuentro

Para esta felicidad.

Shirley M. R. Z.

Hemos vivido tanto

Hemos aprendido tanto,

para llegar a este momento.

Para reconocernos

Para entendernos

Hemos vivido tanto.

Tengo ganas de gritarlo

De contar lo que siento

Pero aún no es tiempo

LOCURA

Es lo que van a pensar

Aún no es tiempo

Tranquila.

Shirley M. R. Z.

Y me imagino contándotelo

Contándote cada pensamiento

Cada deseo

Contándote cómo estás en mí

Cada día

y de todas las formas.

Tú, sonriendo, casi incrédula

Pero tu corazón

sabe que todo es verdad.

BUSCÁNDOTE

Que todo

era para llegar a este instante.

Aunque antes hayamos creído,

que lo vivido,

lo aprendido,

era para otros.

No

Era para nosotras,

para nuestro encuentro.

Nuestro tiempo

Nuestro espacio

Nuestra historia

Nuestra vida.

Shirley M. R. Z.

BUSCÁNDOTE

¿Dónde estás?

¿Por qué aún no te encuentro?

Las mismas preguntas desde hace tanto tiempo.

Shirley M. R. Z.

Entre tanta gente

¿Tenías que ser tú?

Tan inalcanzable

Tan lejana

Pero me esperas

Lo sé

Sé que me esperas desde hace tiempo

Te veo

Veo tu sonrisa, tu mirada

Y lo sé

Me esperas

Lo sé, porque siento lo mismo que tú

Lo sé, porque espero lo mismo que tú.

BUSCÁNDOTE

Y también te espero, Nena

Te espero con desesperación

Te espero con alegría

Te espero.

Aún tenemos tiempo

Tenemos tiempo.

Veo un halo de tristeza

asomarse en tu sonrisa,

en tus comisuras.

Es porque aún me esperas

Lo sé

Lo sé, porque siento lo mismo que tú

Lo sé, porque espero lo mismo que tú.

BUSCÁNDOTE

¿Y si no me recuerdas?

Lo harás

Hay muchas señales entre tú y yo

Lo harás

Hay muchas señales

Gritaré si es necesario

Soy yo

Soy yo

Entre tantos, que dicen amarte

Soy yo

Entre tantos

Soy yo.

Shirley M. R. Z.

Perdida entre tantos

¿Cómo me verás?

Soy yo

No importa, me verás y sabrás

Soy yo

Prometí que te recordaría

¿Recuerdas?

Lo hice

Lo hice

Entre miles lo hice

Soy yo

Mírame soy yo.

BUSCÁNDOTE

Soy yo

Y te espero

Me esperas

Pronto acabará esta espera

Pronto.

Y...

¿Si no te encuentro?

¿Qué haré si no te encuentro?

Puede pasar

Sí, puede pasar.

Tristeza nueva

Shirley M. R. Z.

¿Y si no te hallo?

¿Y si no me reconoces?

No importa

Lo voy a intentar

Una y otra y otra y otra vez

Lo voy a intentar

Siempre lo voy a intentar

Verte al menos desde lejos

Saber de ti

Lo tengo que intentar

Aunque sea sólo para verte una vez

Amarte una vez

.

BUSCÁNDOTE

Sólo una

No importa

Hay magia

En sólo una

hay magia.

Shirley M. R. Z.

Me entristece pensar,

que aún no puedo verte.

Siento tus espacios

Tus vacíos

Tus miedos

Tu tristeza

Tu espera

Tu casi resignación, a veces.

Ya llego

Tranquila.

BUSCÁNDOTE

Y...

¿Si no te encuentro?

¿Qué haré si no te encuentro?

Puede pasar

Sí, puede pasar

No importa,

Saber que existes,

que estás bien,

ya es bastante.

CUÍDATE.

Shirley M. R. Z.

Permíteme saber que estás bien

Sólo eso

Por favor

Visítame en mis sueños

y cuéntame de ti, si puedes.

Quiero saber que estás bien

Sólo eso

Por favor.

CUÍDATE.

Por favor CUÍDATE

Por favor

CUIDATE

Ya voy por ti.

Por favor

Voy por ti.

Shirley M. R. Z.

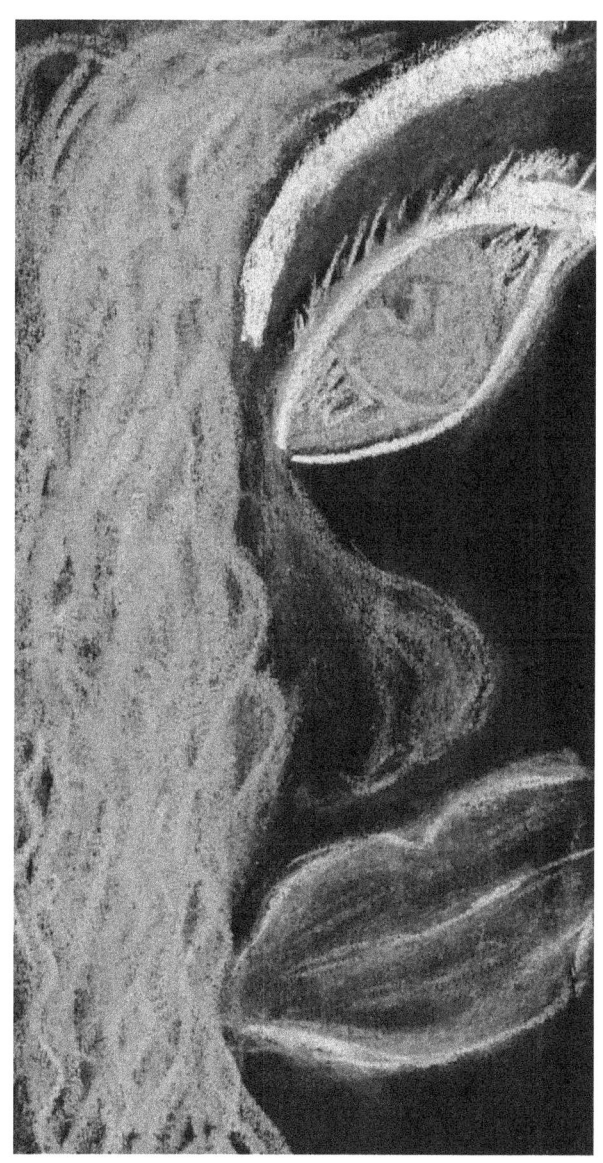

BUSCÁNDOTE

Mi razón me habla de otras posibilidades

Puedes estar equivocándote, me dice

Mi cuerpo se niega

Mi piel se niega

Mi alma se niega

Mi corazón se niega

No

No

No

No

Es ella

Es ella.

Shirley M. R. Z.

No es otro, otra

Es ella

No quiero a otro, otra

La quiero a ella

No quiero intentarlo con nadie

Sólo con ella

ELLA

Si no es ella

No vale la pena

No quiero nada

Que todo siga igual

Qué importa.

ELLA

LOCURA

ELLA

DULCE LOCURA

ELLA

Shirley M. R. Z.

Y...

¿Si llego tarde?

Nunca es tarde

Aunque llegue a tocar tus arrugas

Tus cabellos blancos

Nunca es tarde

Entre nosotras nunca es tarde.

BUSCÁNDOTE

Nunca es tarde, Nena

Quiero envejecer contigo

Mirarme en tus ojos

Porque cuando tú apareces

todo lo demás desaparece.

Me alegras

Me inspiras

Ternura escondida

que quiero descubrir.

Emociones nuevas

que empiezo a sentir.

Shirley M. R. Z.

Ahora todo está bien

Pienso en ti

Te toco

Te beso

Pienso en ti

Hermosa

Pienso en ti

Shirley M. R. Z.

Y te extraño

¿Cómo puedes extrañar a alguien

que aún no conoces?

Pero te extraño

Quiero estar ahí, donde tú estás,

contigo.

Quiero verte, sentirte

Te extraño, Nena

Te extraño

Calma

Pronto te veré

Calma

Extráñame.

BUSCÁNDOTE

Te extraño y ansío tu cuerpo

Ansío tus formas

La redondez de tus nalgas

La esbeltez de tus piernas

Esas formas morenas

Tan notables

Tan conocidas

Tantas veces tocadas

en mis pensamientos.

Shirley M. R. Z.

Ansío acariciar tus caderas

Caderas ondeadas

Caderas libres

Precisas para recorrerlas

con mis dedos,

con mis labios.

Estremecerme

Estremecerte

Estremecernos.

BUSCÁNDOTE

Me veo en tus ojos

¡Fuego pasión

pasión ternura!

No puedo dejar de mirarte

Todo se mescla

¡Fuego pasión

pasión ternura!

Siento tus labios

Toco tu cuerpo con los míos

Todo se mezcla

¡Explosión de emociones!

¡Emoción inmensa! ¡Júbilo!

¡Fuego pasión

pasión ternura!

Shirley M. R. Z.

Cómo deseo tocarte

Cada parte

Todo

Lenta

y suavemente

Cada espacio

Con tranquilidad

Reconociéndome en ti

Memorizando tus detalles, una vez más.

Vamos a unir - nos

Fusionar - nos

Nuestros cuerpos están tan juntos

Sentimos que jamás nos separamos.

Unidad

Totalidad

Calor

Fuerza

Energía,

dentro y fuera de este mundo.

Dentro y fuera de nosotras.

Tan real.

¡Dios! Como ansío todo esto
Pasar las tardes a tu lado
Mirándote
Acariciándote
Dándote toda esa ternura y pasión,
acumuladas durante tanto tiempo.
Esperando encontrarte,
para ofrecértelas.
Tardes eternas
Compartiendo
Viviendo
Siendo feliz a tu lado
¡Gracias!

BUSCÁNDOTE

Gracias por tus señales

Gracias por tus versos

Gracias por tus acordes

Gracias por cumplir tu promesa

Volviste

Tus señales

Volviste

GRACIAS.

GRACIAS

Por esperarme

Por pensarme

Por extrañarme

Suspiros mil

¡Te amo, Nena!

¡Emoción inmensa!

¡Te amo!

BUSCÁNDOTE

BUSCÁNDOTE

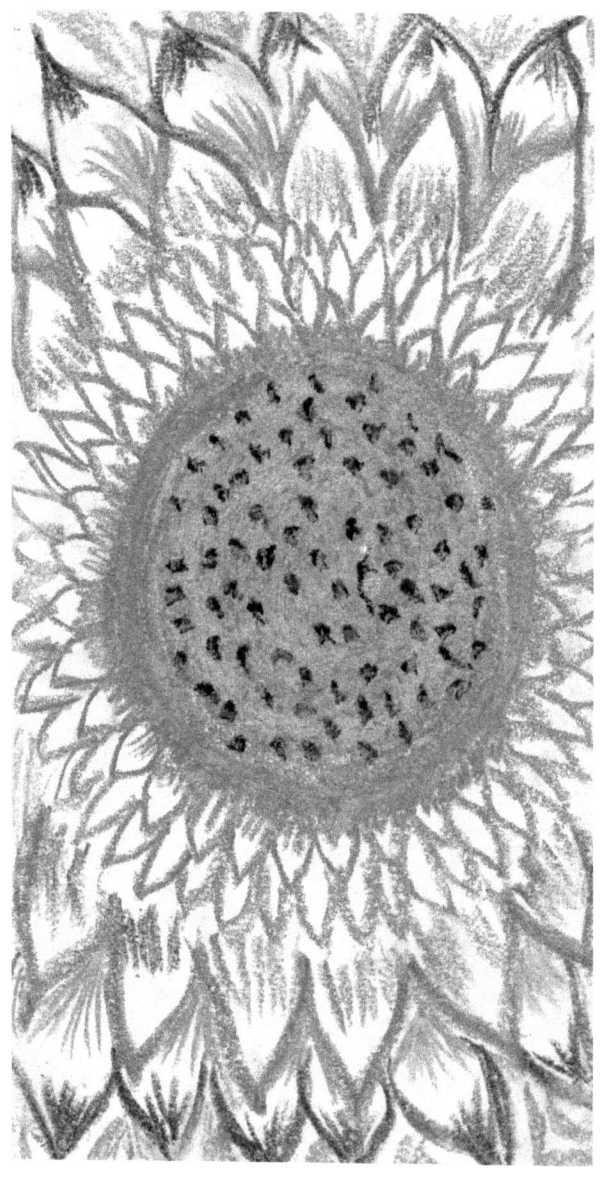

www.ingramcontent.com/pod-product-compliance
Lightning Source LLC
Chambersburg PA
CBHW060150050426
42446CB00013B/2760